LA INFORMÁTICA Y YO.

*REFLEXIONES SOBRE TECNOLOGÍA Y
SEGURIDAD DE LA INFORMACIÓN*

Por

JOSÉ ANTONIO RODRÍGUEZ RODRÍGUEZ

http://joseantoniorodriguezrodriguez.com/

INTRODUCCION

En el siguiente libro se recopilan una serie de artículos que han sido publicados por el autor en medios impresos, digitales y las redes sociales, los mismos tratan temas de tecnología y seguridad de la información, como factores importantes en nuestra época.

Se hace mucho énfasis en la protección de la información como activo valioso para las empresas y para las personas, estos temas surgen a raíz de las tantas filtraciones que han ocurrido en los últimos años y las amenazas que surgen cada día en un mundo que avanza a la velocidad de la luz.

Dedicado a mi esposa, Ángela Núñez Lovera y a nuestra pequeña princesa Amelia, por darme fuerzas e inspiración para seguir creciendo y mejorando como ser humano.

Tabla de Contenido

Notas del Autor

 Atribución (BY) El beneficiario de la licencia tiene el derecho de copiar, distribuir, exhibir y representar la obra y hacer obras derivadas siempre y cuando reconozca y cite la obra de la forma especificada por el autor o el licenciante.

.

Capítulo I. Internet Seguro

El internet es un medio donde invertimos mucho tiempo, donde nos divertimos, pasamos tiempo de ocio, trabajamos, nos relacionamos con personas a la distancia (en ocasiones sin conocerles), en fin, es el aliado número uno de adultos, jóvenes y chicos en la actualidad. Pero, hay momentos en los que olvidamos lo importante que es mantener seguridad al utilizar y beneficiarnos del internet. Por eso hoy hablamos del Internet Seguro, a propósito del día en que se ha dedicado a este.

Internet seguro hace referencia a la disminución de riesgos consecuencia del uso y divulgación de informaciones sensibles por medio de internet.

El Día Internacional de la Internet Segura o Safer Internet Day (SID) es un evento que se celebra en febrero de cada año, en este 2018 se celebró el día 6, para promover un uso más seguro y más responsable de la tecnología, los Smartphones e Internet, especialmente entre niños, niñas y jóvenes de todo el mundo.

Cómo hacer más seguro el uso de Internet

Evite enviar informaciones privadas. No importa qué tan inofensiva parezca una persona, no comparta sus informaciones privadas con un desconocido. Ejemplo de estas sería números de cuentas de banco, tarjetas de crédito, números de identificación personal, fechas de nacimiento de sus hijos, números telefónicos, etc.

No comparta imágenes suyas que puedan ser privadas. El compartir fotos privadas con una pareja por internet se considera como una forma de sostener encuentros íntimos, pero esto puede ser un grave error. Ya sea que las imágenes lleguen a manos de terceros o que tras una ruptura la pareja pueda divulgar estas intimidades.

Evite compartir fotos de sus hijos pequeños. Para los padres y familiares compartir fotos de sus bebés puede ser un motivo de alegría, pues nada es más gratificante que compartir los logros y desarrollo del bebé. No obstante, es peligroso que un desconocido sepa los lugares que frecuentan sus hijos, sus horarios y el centro educativo en el que estudian.

Eduque a sus hijos y vigile su comportamiento en Internet. Educar a los niños sobre los riesgos de Internet es la principal manera de garantizar que ellos serán abusados por esta vía. Como padres responsables también es necesario revisar sus publicaciones, los amigos con los que se relacionan en los chats de las diversas plataformas, sus perfiles y el nivel de seguridad de los mismos, si realizan compras electrónicas y las páginas a las que acceden, haciendo énfasis en vigilar el contenido de las mismas.

Usar redes de WiFi conocidas. Evite utilizar redes abiertas y que usted desconozca, ya que pueden por esta vía obtener informaciones como contraseñas y cuentas de bancos.

Conocer el internet de las cosas. Esto porque hay electrodomésticos que hacen uso del internet y por medio de los mismos los usuarios pueden exponerse a riesgos de seguridad.

Mantener un antivirus actualizado. Un antivirus actualizado permite tener los softwares libres de amenazas, la ventaja de la actualización es que cada día surgen nuevas amenazas en la red y las actualizaciones ofrecen protección contra estas.

No responder o abrir archivos adjuntos de correos sin conocer el destinatario. Al recibir un correo electrónico de un remitente desconocido no se debe responder informaciones que solicite (número de tarjeta de crédito o cuenta de banco, dirección, entre otros), tampoco se recomienda abrir o ejecutar archivos adjuntos ni acceder a enlaces que pudiera contener. Si recibe un correo que le solicita datos sensibles y es de un remitente conocido, antes de responder confirme que sea verídico que ese remitente haya solicitado sus datos.

Cuidado al descargar aplicaciones. Al descargar aplicaciones hágalo de páginas oficiales y con certificados de seguridad. Evite descargar programas de sitios de dudosa reputación y si son de pago, nunca prefiera versiones que le ofrezca sin pagar, ya que puede tener software malicioso.

Usar contraseñas fuertes. Siempre elija contraseñas robustas, evite utilizar su nombre, el de sus hijos o fechas importantes. Prefiera las combinaciones de caracteres especiales, números, mayúsculas y letras. Recuerde que sus contraseñas son personales y no se deben revelar. Del mismo modo, evite que su equipo recuerde sus contraseñas si el mismo es compartido con otras personas.

Capítulo II. Ingeniería Social: Más allá de las redes informáticas

A medida que pasa el tiempo, la tecnología avanza y llega a más rincones, se hace más necesario hablar de la ingeniería social, pero ¿Qué es la ingeniería social? Es una forma de obtener información de parte de ciertos usuarios para sacar datos confidenciales o cometer fraudes y delitos electrónicos.

En principio se creía que solo a través de Internet los ingenieros sociales ejecutaban sus maniobras para obtener información, pues no es así, hay que tener mucho cuidado ya que hasta su mejor amigo puede ser el ingeniero social.

Generalmente, los usuarios de sistemas informáticos, las personas que manejan cuentas bancarias en línea y tarjetas de créditos acostumbran a ponerles contraseñas débiles a sus logins, siempre utilizan nombres de familiares, fechas aniversarias, nombre de novio(a), esposo(a) o de su mascota favorita… ojo con esto!!, esta información puede ser usada por su amigo(a), compañero(a) de trabajo, su pareja o familiar cercano para acceder a su información confidencial o a sistemas a los que solo usted debe tener acceso, creando esto un terrible malestar que puede incluir enemistades, divulgación de información confidencial y hasta problemas judiciales.

Los ingenieros sociales pueden atacar también a través de los correos Spam, los archivos adjuntos y las aplicaciones crackeadas, por lo que se debe tener conciencia de todas estas situaciones para no caer víctimas de esta tendencia.

Recomendaciones

A continuación una serie de recomendaciones útiles para minimizar los riegos de caer víctimas de este problema:

Administradores de Sistemas

1. Concienciar a los usuarios acerca de la ingeniería social y sus consecuencias.

2. Crear La Cultura de cambio de contraseña periódicamente.

3. Prohibir el uso de contraseñas compartidas.

4. No permitir contraseñas débiles, Obligar que las contraseñas sean combinación de letras, caracteres y números.

5. Concienciar sobre los riesgos que se corren al revelar los datos de acceso al sistema.

Usuarios

1. No revelar su contraseña.

2. No usar contraseñas que relacionen nombres y fechas de nacimientos de seres queridos y/o nombres de mascotas.

3. No compartir contraseñas.

4. Bloquear la PC cuando valla a ausentarse de su escritorio.

5. No revelar contraseña a desconocidos ni por teléfono, ni por correo electrónico.

6. Los administradores no requieren contraseñas para realizar mantenimientos, la misma es secreta.

7. Si recibe un correo en el que su banco le pide número de cuenta y contraseña no lo conteste, es un engaño.

8. Al momento de hacer una transacción en Internet asegúrese de que el sitio sea seguro (siempre empiezan por HTTPS en vez de http y en la barra inferior aparece un candado).

Capítulo III. ¿Por qué debo realizar copias de seguridad?

La tecnología es el motor, que mueve el mundo, hoy en día no se concibe una empresa sin que esta la incorpore dentro de sus procesos.

A diferencia de las épocas de los archivadores en la que una consulta significaba buscar en una gran montaña de papel y ponerse a sumar, en los tiempos que vivimos con un simple clic se obtienen resultados.

Pero ¿qué sucede si falla mi computadora y se me borran los datos? ¿Qué sucede si me roban el equipo o me borran la información de manera accidental o con intenciones maliciosas?

Ninguna empresa puede darse el lujo de perder la información que hace que su empresa genere ingresos y a nivel general ningún tipo de información, por eso se deben tomar las medidas pertinentes para salvaguardar la información que se necesita para que cada proceso pueda desarrollarse.

Disponer de la información precisa en el momento preciso es la característica común de todos los usuarios de los sistemas de información.

Es por esta razón que las copias de seguridad (back up) resultan un punto clave para garantizar la continuidad de las operaciones de la empresa.

¿Con qué frecuencia de copias de seguridad?

Esto depende del tamaño del negocio y del nivel de operaciones que tenga este, ya que no es lo mismo una empresa pequeña que atiende diez clientes diarios en una oficina a una empresa que atienda mil clientes en varias sucursales.

Para el primer caso probablemente una copia al final del día es suficiente, para el último caso varias copias en el transcurso del día pueden resultar recomendables.

¿Dónde almacenar estas copias de seguridad?

Siempre es recomendable que el back up se guarde fuera de la empresa, en una caja de seguridad de un banco, o por lo menos en una pequeña caja fuerte dentro de la empresa, si no se tiene la posibilidad de sacarlo fuera, en la actualidad muchas empresas optan por el almacenamiento en la nube o alguna otra propuesta que le realice un proveedor de servicios en el área de almacenamiento de datos.

Lo que no se recomienda es que las copias se dejen en el disco de la misma computadora donde están los datos del sistema actual, no le vaya a pasar como al técnico que realizó un back up de una computadora que iba a formatear y lo guardó en el disco duro de la misma.

Capítulo IV. ¿Por qué debo verificar la integridad de las copias de seguridad?

En la entrega anterior se expusieron las razones por las que se deben realizar copias de seguridad y se dejaba claro que en la era de la tecnología donde todos los registros son digitales, las copias de seguridad representan la clave para la continuidad de las operaciones.

Pero ¿Qué hacer luego que se realiza la copia de seguridad?

El paso siguiente es comprobar que la copia de seguridad contiene la información correspondiente y que la misma está completa.

También se debe verificar ante una posible emergencia que la data puede restaurarse con facilidad y sin fallas.

Este proceso es muy recomendable y da mayor seguridad a la empresa y al departamento de tecnología, pues le asegura que ante un determinado incidente la empresa está preparada para salir airosa.

Cuando la data no se prueba se corre el riesgo de que la misma no funcione provocando pérdidas millonarias a la empresa y hasta su posible quiebra.

Para los clientes es muy importante confiar en la empresa en la que desarrollan sus actividades comerciales y que mejor forma de demostrarlo que asegurando la continuidad de las operaciones ante sucesos inesperados.

En este tipo de procesos es recomendable que participen por lo menos dos personas que certifiquen el proceso y dejen un documento escrito indicando las incidencias o el éxito de la comprobación realizada.

En las empresas donde se cuenta con un departamento de auditoría interna es recomendable que participe una persona o varias que pertenezcan a dicho departamento.

Si es una empresa que cuenta con un departamento de auditoría en Tecnología de la Información, es importante que este departamento vigile el proceso.

De igual forma se puede integrar un equipo de auditoría interna y auditoría de Tecnología de la información o como decida la empresa, lo importante es que se observe el proceso y se deje documentado el mismo.

Capítulo V. Seguridad Informática: El Factor humano

En el ambiente empresarial la seguridad de la información es un factor fundamental, pues de ello depende que los inversionistas y los clientes confíen en el negocio.

Buscando satisfacer esa necesidad las empresas invierten miles y a veces millones de pesos. (Depende del tamaño de la organización).

Pero de nada vale invertir todo este dinero en proteger la información de la empresa si no se toma en cuenta el factor humano.

En la mayoría de los casos las empresas en la persona del equipo de TI y/o de seguridad de la información olvidan que se debe crear una conciencia en seguridad de la información a lo interno de la organización y las cosas terminan mal.

De acuerdo a un estudio publicado por la empresa de seguridad informática Kapersky Lab se encontraron las siguientes situaciones:

El 46% de los incidentes de seguridad ocurridos en el último año han sido por causa de empleados que han comprometido la seguridad de la compañía de manera inconsciente o voluntaria.

El 53% de las empresas afectadas por malware afirmaron que esto no hubiese sucedido sin la participación de un empleado distraído.

El 36% de los casos registrados indican que los usuarios fueron manipulados con técnicas de ingeniería social.

Los casos de phishing e ingeniería social fueron exitosos en el 28% de los casos.

En el 40% de los incidentes los empleados intentaron ocultar lo sucedido lo que aumentó los daños causados y puso en mayor riesgo a la empresa.

Aspectos a tomar en cuenta

La cultura en seguridad de la información no es un proceso que se logre de la noche a la mañana, por lo que requiere de una ardua labor.

Los empleados siempre ocultarán algunos incidentes que pueden poner en riesgo su puesto de trabajo, sin embargo, en ocasiones desconocen que si callan pueden poner en peligro la empresa completa.

Es por eso que es importante que los usuarios sean capacitados en el uso de las tecnologías, que aprendan a identificar riesgos, amenazas y como evitarlos.

De igual forma se les debe enseñar a navegar de manera segura y a evitar a toda costa transportar información confidencial de manera insegura.

CAPÍTULO VI. SEGURIDAD DE LA INFORMACIÓN: ¿QUÉ DEBEMOS CUIDAR?

La información es poder y protegerla es un reto, todos los esfuerzos que se realizan en materia de seguridad van orientados a este fin.

La pregunta que se debe hacer es ¿Qué debemos proteger?

A esta interrogante le da respuesta la triada de la seguridad de la información, nos referimos a la confidencialidad, integridad y disponibilidad.

Confidencialidad

Establece que la información sólo debe ser accesada en el lugar y momento correcto sólo por aquellas personas que tengan la debida autorización.

La confidencialidad implica que la información sea clasificada para de esta forma saber qué información debe ser considerada como tal y cual no.

Una clasificación puede ser: pública, privada y secreta, la primera puede estar al alcance de todos, puede ser a través de la web o de folletos, la segunda puede ser información como las ventas diarias, datos personales de los empleados, etc., la última hace referencia a la información confidencial como secretos industriales, fórmulas y demás.

Integridad

En esta parte se debe asegurar que la información sólo sea modificada de forma correcta por las personas que están autorizadas para hacerlo.

Para llevar el control en este aspecto se debe implementar el debido proceso de monitoreo, revisión de logs y si fuere necesario se pueden implementar claves hash.

Disponibilidad

Se encarga de asegurar que la información esté disponible para las personas autorizadas en el momento que así lo requieran.

La disponibilidad puede ser afectada por ataques de denegación de servicios, fallas eléctricas, robo de equipos, sabotaje, desastres naturales, entre otros factores.

¿En qué momento se debe proteger la información?

En todo momento, es decir, cuando está almacenada, cuando viaja por la red, cuando se transporta en dispositivos y medios electrónicos, la idea es protegerla siempre.

La conciencia que tengan los usuarios en materia de seguridad de la información en todos estos procesos juega un papel importante.

Capítulo VII. Seguridad de la información: ¿De qué nos debemos cuidar?

En el escrito anterior hablábamos sobre el triángulo CID (Confidencialidad, integridad y disponibilidad) y los aspectos que debemos proteger, en esta entrega analizamos de qué debemos cuidarnos.

Los tres factores básicos de la seguridad de la información que describimos más arriba pueden verse afectados por el triángulo EMD esto es:

Extracción.

Modificación.

Denegación de servicio.

La extracción

Es el factor opuesto a la confidencialidad ésta se materializa cuando un atacante o una persona no autorizada accede a la información de la organización, los casos que pueden darse son diversos: personal interno que roba datos para el provecho de tercero o el suyo propio, atacantes que lo hacen por reto intelectual o fines lucrativos, entre otros.

La modificación

Se opone a la integridad, con esta se viola el principio que establece que sólo las personas autorizadas pueden cambiar o editar información en un sistema o archivo.

Si se trata de documentos que maneja la institución y que requieren modificación frecuente lo recomendable es llevar un control de versiones y si se trata de archivos ejecutables es recomendable guardar la clave Hash como una forma de detectar una posible alteración.

Se resalta en este apartado que la información no sólo es modificada cuando está almacenada, la misma puede ser manipulada en el momento en que es transmitida o en el momento en el que es procesada.

La denegación de servicio

Afecta la disponibilidad y consiste en sobrecargar o saturar un sistema, la red o la memoria y unidades de procesamiento para que los equipos no respondan a las peticiones reales.

En ataques físicos se pueden Apagar los equipos, desconectarlos de la red o provocarle daños, para esto la persona debe penetrar las instalaciones de la institución o tener un colaborador dentro.

Cómo se pudo apreciar en el triángulo EMD se concentran los daños y posibles efectos que pueden ser provocados cuando nuestra seguridad es vulnerada.

Partiendo de estos tres elementos y teniendo claro qué queremos proteger podemos empezar a asegurar nuestra empresa.

En base a los seis elementos que se han tocado en los dos escritos se pueden crear las bases de una política de seguridad de la información.

Capítulo VIII. Recomendaciones de seguridad para uso de los productos bancarios y financieros

Mientras más avanzamos en el área tecnológica, menos vamos a una sucursal bancaria, optamos por usar un cajero automático, compra en establecimientos y transacciones en línea.

En la misma medida en que incrementan las transacciones electrónicas aparecen los ciberdelincuentes que buscan realizar un atraco digital a su dinero, por eso es importante estar alerta y seguir las recomendaciones que emiten las entidades financieras para evitar perder su patrimonio.

Recomendaciones

Entre las recomendaciones figuran las siguientes:

- No entregue la Tarjeta para que la lleven a otro lugar para hacer la transacción; evite perderla de vista.
- Debe tener claridad respecto de los procedimientos utilizados por el emisor de la Tarjeta para recibir denuncias en casos de pérdida, robo o hurto.
- Cuide la privacidad de su clave secreta y evite compartirla con terceros.
- Cambie periódicamente los códigos personales de identificación (PIN) y utilice diferentes códigos secretos para los servicios del banco que lo requieran.
- Utilice códigos secretos difíciles de adivinar. El número de la casa es demasiado recurrido.
- Memorice su clave secreta; evite llevarla escrita.

- Respete su turno para el uso del cajero automático, esperando a una distancia prudente de quien lo utiliza en ese momento.
- Evite hacer operaciones en el cajero automático con personas desconocidas muy cerca.
- Siga sólo las recomendaciones indicadas en el recinto del cajero automático. evite consejos de desconocidos.
- Cuente su dinero discretamente.
- Asegúrese de retirar la tarjeta después de realizada la operación en el cajero automático y espere a que la pantalla vuelva al inicio.
- Retire y guarde los comprobantes obtenidos en los cajeros automáticos, así evitará que terceros los usen en su perjuicio.
- Revise frecuentemente los saldos de sus cuentas bancarias.
- Si el cajero automático retiene su tarjeta, bloquéela y dé aviso inmediato a su banco.

- Para ingresar a la página de su banco o del comercio donde realizará el pago, digite manualmente la dirección o URL. No ingrese a través de enlaces recibidos por correo electrónico o mensaje de texto.

- Al ingresar al sitio, verifique que antes de la dirección aparezca el prefijo https://. La letra "s" del final, significa que es una página segura. También debe figurar un candado al comienzo de la barra de direcciones.

- No realice transacciones desde computadores públicos o con conexión a una red wifi abierta.

- Procure tener actualizados el antivirus, spyware y firewall de su computador o celular.

- No descargue archivos que le lleguen por correo electrónico o mensaje de texto si no está completamente seguro de conocer al remitente.

- Nadie se gana la lotería sin comprarla. Así que no crea nunca en mensajes que lleguen a su correo o celular donde le anuncian que se ganó un premio. Si tiene dudas, llame directamente a la entidad que supuestamente entrega el premio y por ningún motivo siga las instrucciones del mensaje sin antes verificar.
- Desconfíe de sitios con faltas de ortografía o mala redacción
- Realice compras en comercios electrónicos seguros y confiables.
- No es necesario que cambie sus claves bancarias con más frecuencia de lo que se lo exige su entidad bancaria. Pero no elija claves muy obvias, ni las reutilice para redes sociales u otros portales.
- Reporte correos engañosos a su entidad bancaria y a la organización encargada de los Crímenes y Delitos de Alta Tecnología en su país.

Capítulo IX. No vendas tecnología

Tanto si eres gestor de tecnología como gerente departamental o empresarial, debes tomar en cuenta que a la administración, a los ejecutivos y al consejo de directores no debe vendérsele tecnología.

En más de quince años que llevo en el sector de la tecnología he podido comprobar que es muy difícil que un dirigente o directivo apruebe una compra de equipos o software simplemente porque estos representen modernidad para la empresa.

Todavía en la actualidad en muchas empresas la tecnología sigue viéndose como un gasto y no como una inversión, lo que dificulta mucho el proceso de aprobación.

A pesar de lo expuesto anteriormente, hay que destacar, que estos son casos aislados, ya que en el ámbito empresarial y en los diversos sectores de la sociedad todos están conscientes de la importancia de la tecnología en los procesos productivos y el crecimiento económico que en la actualidad no representan ventajas competitivas, sino una necesidad para poder sobrevivir en el mercado.

El problema

El fallo en las propuestas de implementación de nuevas tecnologías está en el hecho de que los financieros y los informáticos no hablan el mismo lenguaje y por lo general nunca se entienden.

Por eso si estás pensando presentar propuesta tecnológica dentro de la empresa debes entender que lo importante es justificar el aporte monetario que dicha realización traerá a la empresa.

Para esto es necesario determinar los costes que implica mantener la tecnología actual, las dificultades que presenta, el coste de la nueva implementación y una proyección en el tiempo que demuestre las ventajas de la nueva adquisición sobre la anterior.

La idea es que tu propuesta sea un análisis en el que puedas demostrar los ahorros y/o ingresos que implicará en el futuro que la empresa adquiera la tecnología en cuestión.

Recuerda, la idea es vender ventajas competitivas, ahorros o aumento de ingresos, no tecnología.

Capítulo X. Soy informático, no delincuente

El mundo de la tecnología está lleno de muchos mitos, esto quizás por una deficiencia que aún existe en nuestra sociedad sobre esta temática.

Para muchas personas el informático es una especie de biblioteca andante que debe conocer todas las especialidades que existen en materia tecnológica y más allá.

Al parecer se ignora que al igual que en otras carreras existen las especializaciones, claro hay que resaltar que los que estudiamos hace unos añitos en cierta forma vimos de todo un poco.

Lo que más me llama la atención es el hecho que muchas personas piensen que los informáticos son delincuentes al servicio de las desdichas amorosas y otras barbaridades.

Es muy frecuente encontrarte con amigos y amigas que te pidan de favor que entres en el Whatsapp de su pareja para saber con quién conversa y sobre qué.

Una petición muy frecuente es cuando te piden que les enseñes como pueden hacer para que a sus dispositivos les llegue copia de los mensajes que recibe la pareja.

Un caso muy curioso le pasó a un colega que fue contactado por una persona que estaba participando en una premiación cuyos votos eran los likes (me gusta) en una red social y la persona quería que por cada voto que recibieran los demás participantes se multiplicaran a su favor, ¿What?

No faltan las personas que te ven como inocente y quieren que les ayudes a cambiar un nombre en un recibo, diploma y/o certificado porque supuestamente la institución que lo emitió se equivocó… A ver Manolito me tapo un ojo y me haces un cuento de piratas.

Entiendo que quizás lo hacen por ignorancia y que nuestro rol es orientarles al respecto y hacerles saber que eso es tan grave como matar, robar o vender droga, pero sí está claro que falta concientización en ese sentido.

Cuando espío conversaciones de otros estoy violando su derecho a la intimidad y estoy faltando a las leyes al vulnerar un derecho fundamental que está en pactos internacionales a los cuales están suscritos muchos países en el mundo y por lo general estos derechos están consagrados en la constitución de cada país.

De igual forma existen leyes, en mi caso, en República Dominicana tenemos la ley 53-07 de Crímenes y delitos de alta tecnología y la ley 153-98 sobre telecomunicaciones.

Falsificar y espiar utilizando medios tecnológicos es igual que entrar a robar y asaltar, si caemos en la trampa somos tan delincuentes como quien nos hace la petición.

Queda en mano de cada profesional de TI, de las autoridades y de las personas que conocen las consecuencias de estas peticiones concientizar en este sentido.

Informático, te invito a unirte a esta causa, cuando te pidan algo que sabes que no está bien, que riñe con lo legal y atenta contra la moral y la buena honra, por favor concientiza a la persona, hazle entender los problemas que pueden surgir de su petición.

CAPÍTULO XI. ¿POR QUÉ ACTUALIZAR EL SOFTWARE DE LA EMPRESA?

Aunque pareciera una actividad tediosa y asesina de la velocidad de conexión de internet, las actualizaciones juegan un rol importante para mejorar y la seguridad de las empresas.

La gran cantidad de ataques e infecciones que se han producido en los últimos años han demostrado una vez más la frase que reza que no hay sistema seguro.

Tanto las empresas grandes como las pequeñas han caído víctima de los delincuentes informáticos, y a pesar de que los vectores de ataque pueden ser diversos, uno que destaca es la falta de actualización.

Si bien es cierto que en la actualidad los programadores están conscientes de lo importante que es tomar en cuenta la seguridad cuando se ésta llevando a cabo un desarrollo, esto no evita que en el proceso se obvien algunos detalles que dan cabida a fallas.

Es en ese momento que entran en acción los parches, las actualizaciones, las liberaciones y demás denominaciones que se puedan utilizar en el ámbito del software.

¿Siempre que actualizo es porque hay problemas?

Hay que destacar que las actualizaciones ocurren por varias razones, no necesariamente porque exista una falla de seguridad o un bug en la aplicación.

Dentro de las razones por las que se liberan nuevas versiones se encuentran:

Nuevas funcionalidades

Es muy común que las aplicaciones sean utilizadas por muchas personas de todos los niveles y disciplina y que en este proceso surjan peticiones de nuevos procesos y opciones que no se tomaron en cuenta en la versión actual o bien no eran necesarias para ese entonces.

También puede ser que surja la necesidad de agregar más opciones, bien sea porque cambia el mercado, porque cambian los procesos en la empresa o para cumplir con nuevas disposiciones legales.

Mejoras

Sobre las opciones actuales pueden realizarse cambios con la intención de mejorar la experiencia del usuario con la aplicación.

En otros casos pueden realizarse cambios para agilizar los procesos que realiza el aplicativo tanto a requerimiento de los usuarios como por requerimientos del equipo de desarrollo o la gerencia.

La actualización puede ser simplemente que se decide cambiar el orden en el que se ejecuta un proceso X, o está lista una nueva versión.

¿Por qué debo actualizar el sistema operativo?

Para el caso de los sistemas operativos todas las razones que se explicaron anteriormente son válidas, de igual forma, éstos requieren actualización para corregir vulnerabilidades y fallas que van siendo detectadas y que de no corregirse pueden ser aprovechadas por los cibercriminales.

¿Por qué debo actualizar el antivirus?

El mundo del malware constituye un mercado peligroso por el hecho de que su negocio depende de las fallas de seguridad que estos van detectando, es por esta razón que su objetivo es explotar una falla antes de que esta sea descubierta.

Las empresas de antivirus tienen el gran reto de siempre ir por delante de los ciberdelincuentes, es por esto que su trabajo es producir cuantas actualizaciones sean necesarias para contrarrestar cualquier tipo de amenaza.

¿Qué rol juego en este proceso?

Si eres usuario de cualquier programa o software y depende de ti que se realice una actualización, permítela, porque más allá de quitarte tiempo te están evitando inconvenientes futuros, de igual forma si entiendes que no es de tu competencia, reporta el inconveniente a la instancia correspondiente.

Los gerentes, administradores y miembros del consejo directivo, deben asumir como rol apoyar el equipo de tecnología en este proceso, pues en algunas ocasiones las mejoras y actualizaciones implican inversión (no gasto) y requiere de aprobación.

Como miembro de equipo de tecnología recae en ti la responsabilidad de crear conciencia en seguridad informática y orientar a usuarios y directivos en estos temas, resaltando los riesgos que se corren cuando no se aplica las actualizaciones pertinentes y los beneficios en caso contrario.

ACERCA DEL AUTOR

José Antonio Rodríguez Rodríguez nació en Santiago de los Caballeros, estudió Ingeniería en sistemas y Ciencias de la Comunicación, ha colaborado en diferentes instituciones, entre ellas clubes recreativos, grupos pastorales y agrupaciones estudiantiles.

Ha escrito para periódicos tradicionales y medios digitales, de igual forma ha tenido participación tanto en radio como en televisión.

Web: http://joseantoniorodriguezrodriguez.com/

Facebook:https://www.facebook.com/Josrod11-1961962454016272/?ref=py_c

LinkedIn:https://www.linkedin.com/in/jos%C3%A9-antonio-rodriguez-rodriguez-1234aa5b/

Google+:
https://plus.google.com/+JoseAntonioRodriguezrodriguezGWM

Twitter: https://twitter.com/josrod11

Instagram: https://www.instagram.com/josrod11

www.ingramcontent.com/pod-product-compliance
Lightning Source LLC
Chambersburg PA
CBHW061052050326
40690CB00012B/2596